HEYNE
BÜCHER

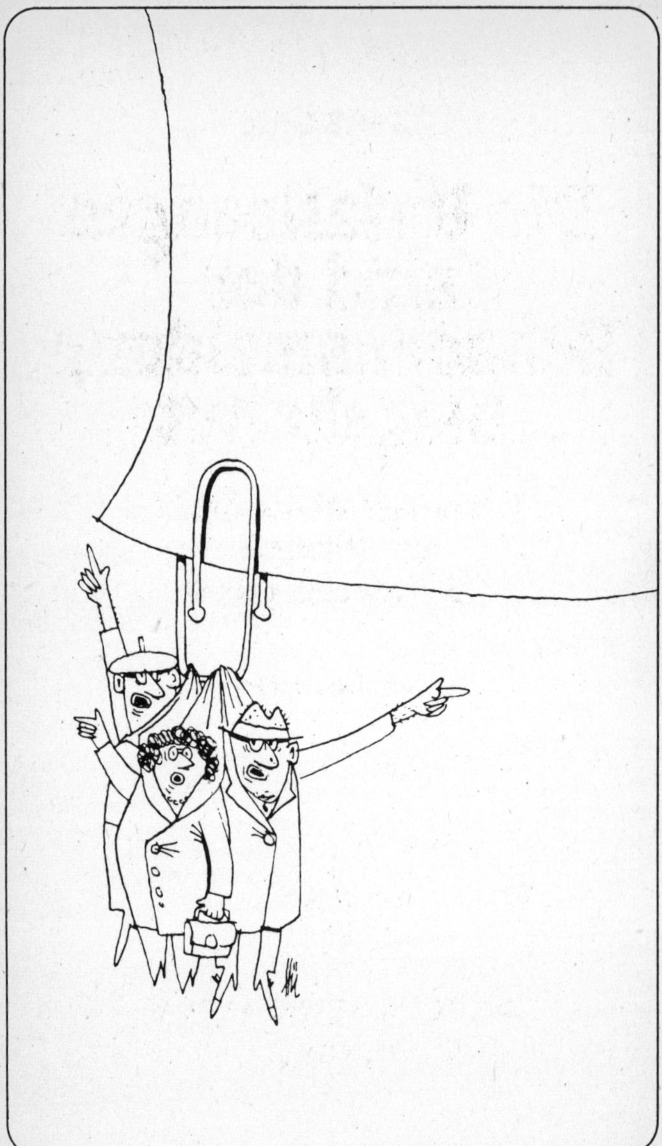

Claus Cory

Die Unfallzeugen sind der Schadensmeldung beigeheftet

Die originellsten Schreiben aus Stilblüten an Versicherungen

Originalausgabe

WILHELM HEYNE VERLAG
MÜNCHEN

HEYNE ALLGEMEINE REIHE
Nr. 01/6737

Printed in Germany 1986
Umschlag: Ernst Hürlimann
Illustrationen: Ernst Hürlimann
Umschlaggestaltung: Atelier Ingrid Schütz, München
Gesamtherstellung: Presse-Druck, Augsburg

ISBN 3-453-02340-4

Bei dem Zusammenstoß wurde ich im hinteren Teil so beschädigt, daß ich abgeschleppt werden mußte.

Ich stieß mit meinem Auto
gegen einen Laternenpfahl, den ein
menschliches Wesen verdeckte.

☆

Beim Einfahren der Ernte wurde ein
Förderband gemeinsam mit dem Ehemann
mit der Hand anstelle der Zugmaschine
weiterbefördert ...

☆

*Der bedauerlicherweise tödlich
verunglückte Herr F. hat selbst Ansprüche
bisher nicht geltend gemacht.*

☆

Der Versicherungsnehmer verletzte
die Vorfahrt und kurz darauf den von rechts
kommenden Radfahrer ...

☆

Es wird um Rückerstattung des beiliegenden
Sohnes Hermann gebeten.

Meine Tochter führte unseren Pudel spazieren. Da die Verletzte eine Perücke trug und auch absonderlich gekleidet war, sprang sie unser Hund an.

☆

Ich leide häufig und schon bei geringer Kälte an abgestorbenen Fingern und Frost an den Händen.

☆

Meine Tante ist 88 und war praktisch noch nie richtig krank. Sie ist rüstig und geht noch jeden Sonntag in die Kirche.

☆

Ich kann mich an nichts mehr erinnern etwa ab 18 Uhr.

☆

Die Unfallzeugen sind der Schadensmeldung beigeheftet.

Durch den Sturz war ich besinnungslos. Durch heftige Schläge der Arbeitskollegen kam ich zur Besinnung und übergab mich.

☆

Anbei eine Rechnung über einen Wellensittich in Höhe von 14 DM. Der Vogel ist vor 8 Tagen tödlich verunglückt. Er ist mit so einer Wucht gegen den Spiegel geflogen, daß er 5 Minuten danach tot war.

☆

Der Grabstein wurde von einem Verstorbenen umgeworfen.

☆

Bei starkem Schneefall bin ich wehrlos in der Kurve ins Rutschen gekommen und in entgegenkommende Fahrzeuge geschlittert.

☆

Zwischenzeitlich wurde der Gehgips am rechten Arm entfernt.

*Ich stelle immer wieder fest, daß meine Frau wesentlich leistungsfähiger ist als ich.
Sie kann viele Stunden bei grellem Sonnenschein im Garten arbeiten und auf der Reise schwere Koffer tragen. Das kann ich alles nicht.*

☆

Die Unfallursache beruht vor allem darauf, daß sich der Fahrer Ludwig O.
mit ganzer Vehemenz der Mitfahrerin gewidmet hat.

☆

Der Fahrer des Wagens, der den Unfall verursachte, wurde an Ort und Stelle durch ein Strafgeld liquidiert.

☆

Rötliches Badewasser ergoß sich aus der Armatur. Da rannte ich kopflos geworden zur Installationsfirma …

☆

… ich möchte Sie bitten,
meinen Sohn zu stornieren.
Für sein Alter ist er zu dumm.

... da ich nie mehr den Fehler einer Heirat zu machen gedenke, entfallen bei mir jegliche Überlegungen, an Erben zu denken.

☆

Falls die Hundekratzwunden nicht von der Kasse übernommen werden, komme ich selbst dafür auf, da der Hund nicht auf Unfall versichert ist.

☆

Der Arzt sollte sein Honorar vernünftiger berechnen. Schließlich hängt vom Willen des Kranken die ganze Leistung des Arztes ab.

☆

Herr Dr. Müller hat mir operativ einen Nierenstein geholt, bei dem Sie jederzeit Rückfrage halten können.

☆

Bei dem Unfall waren keine Beteiligten zugegen.

Wenn ich zum Zeitpunkt des Abschlusses meiner Versicherung gewußt hätte, daß ich für Sie ein so großes Risiko darstelle,
dann wäre ich doch besser bei meiner Alten geblieben.

☆

Meine Gattin macht mit Erfolg eine Entfettungskur. Da muß doch der erhöhte Betrag wegen dem Übergewicht zurückgenommen werden.

☆

Ich finde es anmaßend von Ihnen, daß ich den Unfallbericht ausfüllen soll, wo Sie doch genau wissen, daß ich das wegen meinem kaputten Daumen nicht kann.

☆

Dann mußte ich nicht nur die Reparatur des Autos zahlen, sondern zudem noch 800 DM, weil ich den aufnehmenden Polizisten in meiner Aufregung als »Depp« und »Armleuchter« betitelt habe …

Er hatte sich zur Einnehmung
seines Frühstücks
auf die Toilette gesetzt.
Dabei ging der Deckel zu Bruch.

Wie kann ich meine Frau absetzen?

☆

Dann kam es zu einer heftigen Schlägerei zwischen dem Passat und dem BMW.

☆

An dem Unfall trägt der Tankwagenfahrer die Schuld, weil er mir die Vorfahrt geschnitten hat. Frau H. fuhr mit mir als Beifahrerin. Bei dem Unfall wurde keiner verletzt, nur Frau H. ist in anderen Umständen.

☆

Ich leide an gehäuftem Erbrechen mit Blutdruckabfall.

☆

Auf eine Lebensversicherung kann ich verzichten. Ich will meinen Familienmitgliedern das hinterlassen, was sie verdient haben — nämlich nichts ...

Außerdem leide ich schon lange nicht mehr an Gicht, weil ich danach lebe und meine Tabletten regelmäßig einnehme für den Costerinspiegel.

☆

Die Autofahrerin war auf das nachfolgende Fahrzeug von hinten aufgefahren.

☆

Die Fahrt war an einem Baum zu Ende.
Er stand unter Alkohol.

☆

Der geschleuderte Briefbeschwerer traf mich am Kopf. Die Wunde hat mir die Werfende, meine Frau, gleich behandelt. Sonst ist kein Schaden entstanden.

☆

Große Paläste bauen, das können Sie. Aber einer notleidenden Witwe mal unter die Arme zu greifen, da sind Sie zu schad zu …

... im übrigen würde ich gerne bei Ihnen Schadenregulierer werden, ich verstehe davon eine ganze Menge. Können Sie mir nicht im Monat ca. 500 Rechnungen überlassen, ich mache Ihnen das für 20.000,— DM gerne in Heimarbeit ...

☆

Ich hatte mit meinem Freund ein Messingbett bei einem Altwarenhändler gekauft. Wir stellten das Bett auf die Straße, setzten uns darauf und zündeten uns jeder eine Zigarette an. Dabei hatten wir leider nicht darauf geachtet, daß die Straße bergab geht. Auf einmal hat sich nämlich das Bett in Bewegung gesetzt und ist gleich so schnell geworden, daß wir gar nicht mehr wagten, abzuspringen. Mit Karacho ging es dann durch die Gasse bergab. Was hätten wir denn tun sollen? Weder Bremsen noch eine Hupe waren an dem Bett. Mein Freund hat zwar schrill auf seinen Fingern gepfiffen, als wir uns der Kreuzung genähert haben, aber der Autofahrer hat überhaupt nicht reagiert. So kam es zum Zusammenstoß.

Ich bitte Sie, mich in Ihrer Kasse ruhen zu lassen, weil ich zur Bundeswehr muß.

☆

Anbei erhalten Sie Rechnung und Geburtsschein meiner zweiten Tochter mit der Bitte, diese zu erledigen.

☆

Darf ich Sie daran erinnern, daß Sie mir die Blutübertragung und Blut + Stuhl noch nicht zurückgeschickt haben.

☆

Als das Auto die Polizei erblickte, erschrak es und fuhr zurück.

☆

Er schlich mit seinem Bruder in meine Küche, wo er sie durch grobe Beleidigungen demolierte.

Der Brief konnte Herrn K. nicht erreichen, da er seit Dezember auf dem Friedhof liegt, was Ihnen mit meinem Schreiben vom 14. 12. auch mitgeteilt wurde und von Ihnen am 23. 12. dokumentiert ist.

☆

... das Zulaufrohr im Eckventil unterhalb der Spüle hat sich gelöst. Als ich abends nach Hause kam, schwamm die Küche im Wasser.

☆

Die Schafböcke von Frau R. rannten, als sie ihr Ebenbild im Spiegel sahen, dagegen. Dabei gingen die Scheiben ebenerdig zu Bruch ...

☆

Am 6. Juli war ich bei meinen Eltern zu Besuch. Mein Hund freute sich so sehr über das Wiedersehen, daß er schwanzwedelnd eine Tischlampe vom Couchtisch fegte.

Als wir kurz vor Baden Baden waren, sah ich auf meine Uhr, und als ich wieder aufblickte, sah ich nichts mehr.

☆

Das Gas lief in die Wand und dann nach draußen, wo es ohne Schaden verschwand.

☆

Ich habe fünf kleine Kinder im Alter von zwei bis acht Jahren und kann wegen Rheumatismus auch nicht mehr so wie früher.

☆

Vor Begeisterung über ein freudiges Ereignis machte ich eine Flugrolle durch das Lokal. Dann sah ich Sternchen ...

☆

Der Einbrecher stieg mit dem Fahrrad durchs offene Toilettenfenster und entwendete wertvolle Perser ...

Frau F., die in meiner Firma arbeitet, ging vom Lager ins Büro. Unser Hund hat sich wohl erschreckt und Frau F. gezwickt. Nach zwei Tagen bat ich sie, mir die Stelle zu zeigen. Daraufhin: Kittel, Rock und Unterrock hoch, Hüfthalter runter, Schlüpfer gelüpft und unter all diesen Sachen war eine ganz kleine Druckstelle zu sehen. Alle meine Angestellten haben davon Kenntnis genommen.

☆

Vor etwa 3 Jahren meldete ich den Schaden eines Kleides bei Ihnen an; ich habe mit einer brennenden Zigarette das Kleid einer Nachbarin beschädigt. Ihre Versicherung hatte erst Bedenken, zahlte dann aber doch. Nachdem ich Christ geworden bin, belastet dieser Betrug mein Gewissen und ich möchte das Geld zurückerstattet. Tatsache war, daß mir das Kleid beim Waschen ausfärbte, und ich kein Geld hatte, meiner Nachbarin das Geld für ein neues Kleid zu geben. Da nahm ich den Weg über Ihre Versicherung.

Am 24. Januar hatte mein Mann einen Unfall. Er verlor ein Glied.

☆

Ich teile Ihnen mit, daß die Zusendung der Arzt-Rechnungen meinerseits noch einige Wochen dauern wird, da ich sie im Moment noch nicht alle beisammenhabe.

☆

Die Verstopfung wurde von Herrn Urinale behoben.

☆

Er entwendete bei mir auch Rasierapparat, Feuerzeug und Wäsche, was Frl. N. bei mir in der Aktentasche vergessen hatte.

☆

Es wurde festgestellt, daß die Hohlräume im Kopf meines Mannes vom Unfall herrühren.

Die Straße war abschüssig. Nachdem ich ausgestiegen war, warf ich die Fahrertür ins Schloß. Beim Telefonieren sah ich, daß der Wagen einfach losfuhr …

☆

Durch den starken Gewitterregen war die Straße klitschig und rutschte gegen einen Bordstein.

☆

Hiermit melde ich einen Schaden an meinen Büromaschinen. Da die Schadenursache durch Sabortage bedingt ist (Einwerfen von Büroklammern), habe ich die beiden Mitarbeiterinnen einem inquisitorischen Befragungsverfahren unterworfen. Beide haben rundweg erklärt, daß vom Arbeitsablauf her das Hineinfallen oder Hineinwerfen ausgeschlossen ist. Im Anschluß an diese Befragung kündigte Fräulein V. das Arbeitsverhältnis fristlos. Meine Frau, die zweite Mitarbeiterin, begab sich zu einem Anwalt und wird voraussichtlich die Scheidung beantragen.

Plötzlich löste sich bei mir die Feststellung der Sonnen- und Scheinwerferblende, welche über der Windschutzscheibe mittels verstellbarem Kugelschraubgelenk befestigt war.

☆

Der Patient brachte den abgeschnittenen Daumen in Zeitungspapier eingewickelt in meine Praxis und forderte mich auf, ihm den amputierten Finger wieder anzunähen.

☆

Eine unangenehme Weibsperson hat das Überfallkommando gerufen, das feststellen wollte, ob ich betrunken wäre. Da ich aber Nichtraucher, Coca-Cola- und Milchtrinker bin, zog das herbeigerufene Unfallkommando mit vier Mann besetzt sofort wieder ab.

☆

Ich mußte schneller fahren, um durch den Luftzug die Biene aus dem Auto zu kriegen!

Der Dieb, der bei dem Einbruch
ertappt wurde, ist dabei
von unserem Nachbarn,
der einen Hund dabei hatte,
gebissen worden.

Der Verdienstausfall meiner Ehefrau beträgt mtl. 3 Entbindungen à 40 DM.

☆

Der LKW hat einen schweren Schrank in die kleine Dachgeschoßwohnung transportiert und dabei erheblichen Schaden angerichtet.

☆

Die Löscharbeiten leitete der Gemeindeschreiber, weil es beim Feuerwehrkommandanten selbst im oberen Stübchen brannte …

☆

Ich habe 14 Mordanschläge durchgestanden. Ich hoffe nicht, daß Ihr Büro am Rande daran beteiligt ist, zumal Sie auch Lebensversicherungen bearbeiten!

☆

Die alte Brille ist bei einem Sturz von der Schiffsanlegestelle ins Wasser, mir vom Kopf gefallen und schwimmt jetzt noch im Rhein.

Ich gab Benedikt S. zwei Schläge, und die Freunde haben auch ein paar dazugegeben. Der Kläger aber legte sich auf den Boden. Meiner Meinung nach täuschte er vor, daß er verprügelt wurde.

☆

Der Geschädigte hat es sicherlich nicht nötig, sich wegen DM 250,– die Hände in Unwahrheiten zu reinigen.

☆

Am 5. Oktober, gegen 20.00 Uhr, befand ich mich in der Wohnung der Familie E. zu Besuch. Während dieses Besuches zeigte mir Frau F. ihr Schlafzimmer. Als ich das Schlafzimmer betrat, stolperte ich und fiel in das Ehebett der Familie. Hierbei brach das Bett, ein französisches Bett, zusammen.

☆

Ich wollte zwei raufende Hunde trennen und wurde gebissen. Ich lief sofort in die Apotheke, da biß mich der Apothekerhund …

Ich habe meinen BMW bei mir in der Garage abgestellt. Der Hund und sein Sohn spielten darin.

☆

Fahre Pfingsten nach Holland, brauche Grüne Karte, habe schon Betten bestellt.

☆

Schuld war ein Insektenflug in mein Auge, ein Bruchteil von einer Sekunde und es war passiert. Menschenschaden ist nicht entstanden, da ich bestenfalls Radfahrertempo hatte.

☆

Beide Autos stießen mit dem Kühler zusammen. Es gab aber lediglich paar Blutergüsse.

☆

Der entfernte Tumor aus dem Unterbauch ist nußbaumgroß.

Mir mußten einen Eisenrahmen umhängen, ich sagte zu meinem Kollegen wir machen oben fest er sagte nein wir machen unten fest ich halte den Rahmen fest. Ich wollte gerade die Kette umlegen da rutscht der Rahmen weg und schlägt mir über den Fuß.

☆

Die Patientin soll destilliert werden.

☆

Der Hund ist auf den Namen von Herrn Dr. Z. abgemeldet.

☆

… ich muß Ihnen zunehmend Ärger und Unannehmlichkeiten bereiten, all dieweil ich mich mit zunehmendem Alter anscheinend vom Autofahrer zum »Auffahrer« entwickle.

☆

Die Versicherte ist letztes Jahr verstorben. Sie gibt Ihnen das noch schriftlich.

Ich bitte um Stundung der Prämie. Seit mein Mann gestorben ist, fällt es mir ohnehin schwer, mein kleines Milchgeschäft hochzuhalten.

☆

Dem Chef dagegen geht es gut, er verdient durch seine Monteure viel Geld. Säuft sich voll und ist nicht mehr fähig, seine Leute sicher nach geleisteter Arbeit nach Hause zu fahren. Das Ende — ein wertvolles Menschenleben ist vernichtet, zu Tode gefahren, ein anderer tritt an seine Stelle — und alles andere ist damit erledigt …

☆

Peter M., Unfallzeuge, war der Verkäuferin beim Unfall behilflich.

☆

Kinder sollen nicht mit aufgefundenen Medikamenten spielen, denn diese können durch unachtsames Verschlucken krank werden.

Bitte stellen Sie doch bei Ihrer Versicherten fest, ob und inwieweit die beschädigten Teile wieder instand gesetzt werden können.

☆

Wenn Versicherungen zahlen sollen, sind sie immer diejenigen, die sich vor jedem Schaden drücken. Glauben Sie denn wirklich, daß ich nicht die nötige Sorgfalt angewandt habe, um meinen neuen Mantel an der Ofentüre zu verbrennen?! Es müßten Dämlichere gesucht werden, die sich auf dieser Tour einen neuen Mantel erwerben wollen.

☆

Für die bei der Geburt meines Sohnes geleistete Hilfe spreche ich herzlichen Dank aus.

☆

Der Gutsbesitzer konnte nicht löschen, da er kein Wasser hatte und nicht zu Hause war.

Ich könnte natürlich eine fingierte Rechnung ausstellen lassen, um sie Ihnen vorzulegen, aber als Polizeibeamter habe ich ehrlich, wahrhaftig, gerecht, unbestechlich und vor allem menschlich zu sein.

☆

Die Aufsichtspflicht bei meiner kleinen Tochter habe ich nicht verletzt. Nur als sie dem Pudel von der Familie F. einen Tritt versetzte, habe ich gerade weggeschaut.

☆

Mein Fritz hat überhaupt nichts gemacht. Er ist nur an der vollgepackten Frau S. vorbeigerannt, die dann durch den Luftzug umgefallen ist.

☆

Da der Versicherte in Bonn arbeitet und er erst nachts nach Koblenz kommt, was auch nicht jeden Tag der Fall ist, konnte ich ihn noch nicht erreichen.

Die Mitnahme der Anhalterin erfolgte nicht aus Gefälligkeit, sondern aus Gesellschaft.

☆

... lehne Ihren Vertreter ab. Ich glaube zu wissen, was ich will, und was bei meiner Frau zu erledigen ist, dafür bin ich geschult genug.

☆

Im Jahr 1982 hatte ich bei Ihnen mein Motorrad versichert. Das Fahrzeug war nach Kfz-Brief mit 27 PS eingestuft. In Wirklichkeit aber leistete das Fahrzeug 32 PS, da es entdrosselt war. Da ich ein Christ geworden bin, möchte ich Ihnen den Versicherungsbetrug bekennen und möchte Sie bitten, wenn Sie daraus irgendwelche Forderungen ableiten können, das zu tun.

☆

... bitte lassen Sie sich vom zuständigen Polizeirevier bescheinigen, daß der Schaden wegen Geringfügigkeit nicht polizeilich aufgenommen wurde.

Der genaue Hergang
kann nicht geschildert werden,
da es nachts passierte.

Wie hoch ist die Prämie für meinen Mann, der zwar im April 60 Jahre alt wurde, aber 10 Jahre jünger aussieht?

☆

Ich dachte, das Fenster sei offen, es war jedoch geschlossen, wie sich herausstellte, als ich meinen Kopf hindurchsteckte.

☆

Ich habe eine großköpfige Familie — nämlich sieben Kinder, wo noch alle minderwertig sind.

☆

Wir müssen unsere Beine durch tägliches Training kräftigen, denn sie sind der einzige Körperteil, mit dem wir gehen können.

☆

... bitte ich Sie als Versicherung um Aufklärungsmaterial.

Anbei die Rechnungen für den kurzweiligen Krankenhausaufenthalt meiner Frau.

☆

Ich bitte um den Besuch eines Mitarbeiters, der meine Verhältnisse in Ordnung bringt.

☆

Vom Fahrer des Wagens ist nur sein männliches Geschlecht bekannt.

☆

Ich fuhr weiter und sah nur einen Schatten, der von meinem Auto umgefahren wurde …

☆

Bei einem Skiunfall wurde Marianne R. verletzt. Wir ersuchen um Erteilung der Liquidierungsermächtigung.

☆

Um die Kraft des Stoßes prüfen zu können, bitten wir um Übersendung der Rechnung.

Der Schaden wurde teilweise vom Dachdecker und teilweise von mir ausgeführt.

☆

Ich habe das Reißen! Ich kann meine Arme kaum über den Kopf bringen, und mit den Beinen ist es genau so.

☆

... der Trambahnfahrer bestätigte, daß mein Mann bei der Hauptpost aus der Straßenbahn gefallen ist.

☆

Ich wollte Fenster putzen. Damit ich von außen an das Fenster herankommen konnte, legte ich ein Bügelbrett auf die Fensterbank. Mein Mann, der schwerer ist als ich, setzte sich innen auf das Brett, und ich putzte auf dem Brett stehend außen. Plötzlich klingelte es an der Haustür. Als mein Mann unten öffnete, fand er mich vor dem Eingang liegend. Wir wissen bis heute nicht, wer geklingelt hat.

Schließlich sollten Versicherter und Versicherung an einem Strick ziehen, wenn es um die Ärzte geht. Aber der eine zieht an dem einen, der andere an dem anderen Ende.

☆

Der ausgebrochene Bulle ist ein Weidemastbulle und wurde vom Rind des Landwirtes Baumann zum Deckakt aufgefordert.

☆

Sprechzeiten für kleine Haustiere tägl. ab 19 Uhr und nach Vereinbarung. Tierarzt …

☆

Nebenbei möchte ich Sie noch Mitteilen, einen wie großen Rüpel Sie als Fahrer haben, der ehrbaren alten Leuten, die sich nach der Nr. des Wagens erkundigen, Anschnautzen, Anfratzen, und den Wagen, ohne sich zu entschuldigen schlägt, und auch den Insassen Schläge anbietet.

Ihr Vertreter gab sich große Mühe, mich in meinem Tarif umzuwandeln. Inzwischen habe ich eingesehen, daß dies für mich keinen Zweck hat, und so nehme ich hiermit die Kündigung zurück.

☆

In hohem Tempo näherte sich mir die Telegrafenstange. Ich schlug einen Zickzack-Kurs ein, aber dennoch traf die Telegrafenstange mich am Kühler.

☆

Bei dem Brand wurde eine Kommode gerettet sowie eine Kuh, die gestohlen wurde.

☆

Wenn ich oft krank werde, geht Sie das gar nichts an, Sie haben bloß zu zahlen, sonst verzichte ich in Zukunft ganz auf das Kranksein.

Durch den plötzlichen Zusammenstoß der Fahrzeuge erhielt ich einen derartigen Schrecken, daß sich der Inhalt meines Darms ruckartig in meine Hose entlud. Ich bitte um Übernahme der Reinigungskosten.

☆

Ich habe mir beim Friseur das Haar bleichen lassen. Auf dem Heimweg in der Straßenbahn fingen die Haare plötzlich zu brennen an …

☆

Mein Onkel macht z. Zt. in einer gewissen staatlichen Behörde eine Kur. Ich will daher seine Versicherung kündigen.

☆

Nachdem Sie unserer Tochter die Aussteuer-Versicherung ausbezahlt haben, wurde Sie von ihrem sauberen Herrn Bräutigam nachweislich um diesselbe gebracht und dann sitzengelassen. Gibt es dafür eine Entschädigung?

Ich stelle die Versicherung vor die endgültige Entscheidung: Entweder unterstützt man die Gerechtigkeit, die meine Person verkörpert, oder man schlägt sich auf die Seite des Arztes, der das Unrecht in Person ist.

☆

Am 17. 10. erlitt der Sachverständige der Kraftfahrzeugschätzungsstelle in Dortmund, Herr K., beim Taxen des Wagens einen Unfall. Beim Treten auf die Bremsen hat sich K. wahrscheinlich das Rückgrat verrenkt.

☆

Hiermit möchte ich mir gestatten, Ihnen meinen Sohn als Unfall zu melden.

☆

Beim Training auf dem Sportplatz rutschte ich aus und schlug mir den rechten Zeigefinger heftig an den Torpfosten, daß dieser sogleich anschwoll.

Es war alles zu spät. Der Tote starb noch am Unfallort.

☆

Er ist leider ohne ärztliche Hilfe gestorben, weshalb ich Ihnen keine Rechnung schicken kann.

☆

Es hat nur eine Untersuchung stattgefunden. Der Doktor sagte, ich könne mir ruhig meinen Unterleib aus dem Kopf schlagen, ich sei gesund.

☆

Was die Kur angeht, so bestätige ich Ihnen ausdrücklich, daß ich noch nie gebadet habe.

☆

Meine Familie besteht aus sechs unversorgten Kindern. Mein Mann ist davon. Ich bin daher ganz entblößt.

Meine Frau wurde von Dr. Schneider entbunden. Anbei die Rechnungen darüber.

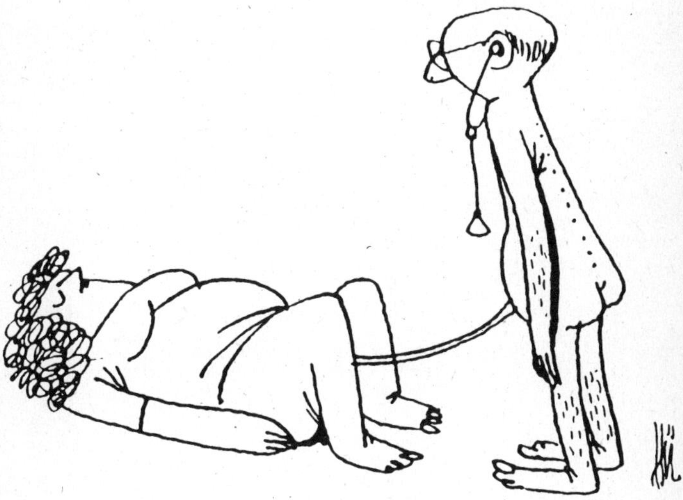

Kann leider die Prämie nicht zahlen. Letzte Woche haben wir ein Kind gekriegt und morgen kriegen wir Kohlen ...

☆

Ich bin bei Ihnen versichert und zahle einen wesentlich höheren Beitrag als ein Mann gleichen Alters. Dies halte ich für einen Verstoß gegen den Gleichberechtigungsgrundsatz und ich bin nicht länger gewillt, das hinzunehmen.

☆

Ich hielt meinen Schaden vom letzten Jahr absichtlich gering. Zum Dank bekam ich keine Beitragsrückerstattung. Sollte bei mir künftig wieder ein Schaden auftreten, werde ich meine Gesundheit nicht wieder so leichtsinnig aufs Spiel setzen.

☆

Mit Ihrer Versicherung bin ich unzufrieden. Deshalb muß ich den Umwandlungsantrag für meine Frau rückgängig machen und mich nach einer anderen umsehen.

Es ist zu berücksichtigen, daß Herr M. 83 Jahre alt und gebrechlich war, Filzpantoffeln trug und beim Hingang zu den Aschenbehältern die Möglichkeit hatte, mit seiner Asche das Eis zu streuen.

☆

Hiermit kündige ich den mit meiner Versicherung gekoppelten Zusatzvertrag für meine Tochter Edelgard, weil sie hinreichend gegen die Gefahren des Lebens gesichert ist.

☆

In den letzten Wochen habe ich einen ganzen großen Schritt nach vorn getan durch Entfernen von zwei kräftigen Eiterherden an den Zähnen.

☆

Ich habe in diesem Jahr wöchentlich 600 bis 650 Mark verdient; betonen möchte ich hierbei, daß mir das nur mit Hilfe von Tabletten möglich war.

Ich fand ein großes Schlagloch und blieb in demselben.

☆

In allen Ihren Schreiben kommt immer wieder »Ihr Bedauern« zum Ausdruck. Da ich damit keineswegs meine Misere bessern kann, muß ich vor lauter Rührung meinen Vertrag bei Ihnen kündigen.

☆

Sollte Ihnen die Darstellung der Verkehrspolizei nicht genügen, so lassen Sie doch einen Ihrer Herren Sachbearbeiter von einem PKW überfahren. Er könnte nachher genau feststellen, wie unbedeutend und komplikationslos so etwas verläuft.

☆

Die Polizisten, die den Unfall aufnahmen, bekamen von meiner Braut alles gezeigt, was sie sehen wollten.

Daß der Umfallverursacher im kritischen Moment betrunken war, haben wir daraus entnommen, als der schrie, daß er keine Angst vor seiner Frau habe.

☆

... das Glas ist kaputt, ich schicke Ihnen hier einen Splitter von der Scheibe mit, woran Sie sehen wollen, daß sie hin ist, denn sonst wäre sie noch ganz und unbeschädigt.

☆

Mir san beide katholisch, aber mir meng den Pfarer net. Drum ham mir in der Jacobskirch den Beichtstuhl ozünd!

☆

Mein Junge wurde von einem Hund angefallen, bevor ihn ein Mann erschlug.

☆

In der Anlage übersende ich Ihnen eine Duplikatrechnung, die keine Duplikatrechnung mehr ist, weil ich das Wort »Duplikat« gestrichen habe.

Die Rechnungen müssen so schnell wie möglich bearbeitet werden, weil der Arzt mit Schmerzen auf sein Geld wartet.

☆

Um Selbstmord zu begehen, sprang die Patientin aus dem Mittellandkanal.

☆

Ich möchte halbjährlich zahlen, da ist die monatliche Belastung nicht so hoch.

☆

Beide Eltern der Patientin leben noch, obwohl sie seit 21 Jahren in ärztlicher Behandlung sind.

☆

Ich bin mit Ihrem Vorschlag nicht einverstanden. Bitte heben Sie meinen Vertrag auf. Habe mein Leben in Gotteshand, was die beste Versicherung ist.

Da ich mit meinem Mann nicht mehr zusammenlebe, bitte ich Sie höflichst, Ihren zuständigen Vertreter vorbeizuschicken.

☆

Und wenn Sie mir noch 50,— oder 100,— DM dazulegen, dann tun Sie es auch nicht umsonst. Ja ja, meine Herren, mir wird heute noch schwindelig. Ich bin kein Halsabschneider, aber ich glaube an Ihre Vernunft. Das Stück, was mich am Kopf traf, soll ca. 70 Pfund schwer gewesen sein und soll beim Aufschlag auf meinen Kopf in mehrere Stücke zerbrochen sein.

☆

Ich band die Kühe an der Garage vom Bernhuber an. Als ich zurückkehrte, kamen mir die Kühe mit dem Garagentor entgegen.

☆

Meine Frau hatte noch nie einen Unfall, weil sie immer sehr aufpaßt im Verkehr.

Ich prallte gegen die Zaunmauer und wurde unbewußt. Aus war es mit meiner Gesinnung.

☆

Als ich mich gerade in Bewegung gesetzt hatte, bekam ich von hinten einen Stoß, so daß ich zur Erde fiel. In demselben Augenblick sah ich über mir den LKW und das Hinterrad des Wagens auf mich zurollen. In meiner Todesangst ergriff ich mit der linken Hand das Rad, um den Wagen aufhalten zu können, was jedoch vergebens war. Dann stieß ich einen Schrei aus, denn das Hinterrad hatte mich schon erfaßt und meinen Brustkorb eingedrückt. Zum Glück sind die Rippen nicht gebrochen, die haben standgehalten, sonst wäre ich wohl nicht mehr. Ein zweites Mal möchte ich das nicht für 10.000 DM wieder erleben.

☆

Der PKW wurde erheblich beschädigt sowie dessen Frau verletzt.

Teile Ihnen mit, daß wir bei der Pflichtversicherung noch mal durchrutschen; somit bleibt die Versicherung weiterbestehen.

☆

Ich erlaube mir, eine ärztliche Zahnbehandlung beizulegen.

☆

... ich bin schwerkrank gewesen und zweimal fast gestorben. Da können Sie mir doch wenigstens das halbe Sterbegeld auszahlen!

☆

Die Fahrer bewarfen sich gegenseitig mit Steinen und verschiedenen Abfällen. Die Ehefrauen saßen derweil am Waldrand und strickten.

☆

Im übrigen habe ich Ihnen mitzuteilen, daß ich von meinem Ehemann schuldlos gerichtlich genehmigt getrennt lebe.

Am 10. August untersuchte ich im
Bestand von Herrn Andreas S.
einige Kühe, die seit dem letzten Kalb
keine Brunsterscheinungen mehr zeigten.
Bei der Untersuchung vergaß ich
bei einer Kuh zu fragen, ob sie schon
einmal besamt wurde.

Nachdem die Polizei den Unfallwagen ausfindig gemacht hat, ließ sie ihm eine Blutprobe entnehmen. Die Beamten vermuteten, daß er angetrunken war.

☆

Wir beichten über Ihren Patienten Herrn W., der sich vom 9. 4.—22. 4. in unserer stationären Behandlung befand. Diagnose: Indirekter Leistenbruch links ...

☆

In der Kreutzstraße ist mir ein krüppeliger Fußgänger in den Wagen gelaufen.

☆

Im Falle meines Todes habe ich Zweifel, durch Sie ausreichend versorgt zu werden.

☆

Ich habe Wochen mit Brustbeinprellung zu tun gehabt. Ich stellte keine Ansprüche. Jetzt kommen Sie. Und bringen Unfrieden in das Haus.

So gern es mir leid tut, aber in der zweiten Hälfte des letzten Juliviertels brauche ich mein Geld. Um mein Geschäft verrichten zu können, brauche ich wohl nicht erst die Erlaubnis Ihres Direktors einzuholen.

☆

Da ich sah, daß meine Frau am Unfallort nicht mehr zu gebrauchen war, rief ich das BRK.

☆

Dieser PKW fuhr weiter und kam erst 20 Minuten später ohne Wagen an die Unfallstelle zurück. W. trug Ohrenschützer und konnte deswegen meinen sich näherenden PKW weder sehen noch hören.

☆

Bitte teilen Sie mir mit, inwieweit und wie lange Ihre Geduld geht, mit der Sie die Überweisung erwarten wollen …

Bei einer etwas »stürmischen« Begrüßung dieser Dame habe ich ihr ein Brillenglas zerdrückt, ansonsten ist sie unbeschädigt geblieben.

☆

Meine Frau fuhr mit dem Auto rückwärts und kam dicht an die Umzäunung, wo die Nachbarin einen Badeanzug zum Trocknen aufgehängt hatte. Mit der Stoßstange wurde der Badeanzug mitgeschleift und zerrissen.

☆

Am Donnerstag, den 5. 11. in Darmstadt, habe ich kurz vor Einbiegung der Rheinstraße nach der Heidelbergerstraße links eine kleine Karambolage mit einem Mädchen gehabt.

☆

Ich bitte, meine Ansprüche wohlwollend baldigst zu erledigen, da ich seit dem Zusammenstoß kein festes Verhältnis mehr habe.

Der Hund hatte so ein Tempo drauf, daß er in die Scheibe sprang und dabei zu Bruch ging …

☆

… ich versuchte Herrn Müller zu besuchen, traf ihn auch nach mehrmaligem Anfahren an, da er abends meistens mit seinen Kochtöpfen unterwegs ist.

☆

Mein Vater fand den Tod infolge des Zusammenbruchs eines Podiums im Laufe einer offiziellen Zeremonie.

☆

… bitten wir um den Besuch einer Ihrer leidenden Herren.

☆

Aus meiner Couch hat ein Vogel ein ungefähr 1 cm großes Loch herausgezupft, der durch ein offenstehendes Fenster ins Wohnzimmer geflogen ist und ich möchte dieses Kunststopfen lassen.

Der andere Fahrer änderte seine Absicht, so daß ich in ihn hineinfuhr.

☆

In obiger Unfallschadensache darf ich Ihnen mitteilen, daß sich mein Mandant erledigt hat.

☆

Der Automat ist dort abgehängt worden und aus dem Verkehr gezogen. Das Risiko ist auf einen neuen Automaten bei dem Gastwirt B. zu übernehmen. Derselbe hängt in der Gaststube.

☆

Der Unfall kam nur deshalb zustande, weil ich mir von der Dame ein falsches Bild gemacht hatte: die von mir gestreifte Person ist nur eine Prostituierte, so daß höchstens Sachschaden in Frage kommt ...

Bis jetzt hatte ich für die Nachtzeit in meinem Lager einen Wachhund. Diesen mußte ich wegen Krankheit töten lassen. Bemerken möchte ich noch, daß unter dem Lager meine Hausangestellte (41 Jahre) schläft. Sie ist unter Umständen noch besser wie ein Wachhund.

☆

Die Dienstmagd rettete das nackte Leben im bloßen Hemd.

☆

Ich war krank, stand auf, um den Schuhputz meines Sohnes zu kontrollieren. Dabei stand ich in der Nähe des Ofens, dessen Tür glühte. Als ich mich vornüber beugte, geriet mein Nachthemd an die Ofentür und brannte im Nu lichterloh. Auch der Rücken ist verbrannt und nicht mehr reparaturfähig.

☆

Der Ball ist gegen den Daumen geprallt und der Patient konnte ihn nicht mehr fangen …

Unser 18jähriger Sohn träumte, er hätte seine Uhr verloren. Im Schlaf entzündete er mehrere Streichhölzer und suchte nach der Uhr unter der Bettcouch. So ist die Bettcouch in Brand geraten.

☆

Der neben mir auf der Bank liegende Pelz wurde geraubt, in einem ablenkenden Moment, als der Bus scharf gehalten hat.

☆

Den Schäferhund habe ich vor 6 Jahren von einem Bauern gekauft; derselbe war 2 Jahre alt und hat noch keine Hühner gefressen ...

☆

Vor dem Überqueren der Fahrbahn schaute ich nach links und gleichzeitig nach rechts.

☆

Erst schleuderte er, dann fuhr er nach rechts und rasierte die Leitplanke ...

Die herbeigerufene Polizei ließ von dem beschädigten Wagen sofort eine Blutprobe entnehmen.

☆

Ich bedaure, Sie darüber in Kenntnis setzen zu müssen, daß mein bombensicherer, mit Beton abgestützter Atombunker von Rowdies völlig zerstört worden ist.

☆

Anbei schicke ich Ihren Scheck wieder zurück, weil er mir zu gering ist. Bitte setzen Sie eine Null hinter die Zahl. Dann werde ich ihn einlösen.

☆

Da z. Zt. keine Gutschrift vorliegt, weise ich darauf hin. Mit Deutschem Gruß!

☆

Hiermit zeigen wir an, daß der Versicherungsnehmer verstorben ist. Wir hoffen, Ihnen hiermit gedient zu haben …

Ich habe ihm nur leicht mit dem Stuhl
auf den Kopf geschlagen,
habe aber nicht bedacht, daß es ein
Clubsessel war.

Können Sie sich vorstellen, daß Sie an einem stehenden Fahrzeug rechts vorbeifahren auf gerader Bahn und dann, wenn Sie zu $\frac{2}{3}$ an diesem Fahrzeug vorbei sind, mit Ihrem Wagen einen »Hüpfer« nach links machen, um mit dem linken, hinteren Kotflügel die Stoßstange des Stehenden zu küssen? Ein Bravo für solch akrobatische Leistung.

☆

Anbei eine gesalzene Zahnarztrechnung. Die Erhaltungsarbeiten in meinem Steinbruch werden fortgesetzt.

☆

Die Straßenbahn krachte gegen mein Auto. Dasselbe erlitt Verletzungen.

☆

Vor der unübersichtlichen Rechtskurve in Höhe des Hauses Nr. 221 stand ein großer LKW, der teilweise auf der Fahrbahn, teilweise auf dem Gehweg abgestellt war, um in der dortigen Apotheke ein Rezept einzulösen ...

Bitte heben Sie den Haftpflicht-Vertrag unseres Hundes auf, indem dieser verstorben ist. Die Trauerfeier für die Einäscherung hat in aller Stille stattgefunden. Von Beileidsbesuchen bitten wir abzusehen.

☆

Das Rad wurde vom Sohn vor dem Haus in dem dafür vorgesehenen Fahrradständer abgestellt, um sein Mittagessen einzunehmen.

☆

Beim Spielen beim Nachbarn stieß mein Sohn Wolfgang gegen eine Fensterscheibe und zerbrach.

☆

Beim Überholen hatte ich nicht genügend Platz zum Hinfallen für den Mopedfahrer gelassen, so daß er mich an der rechten Seite arg zerkratzte …

Sehr geehrte Versicherung,
ich wollte ein Hühnerhaus bauen und dazu die im Speicher gelagerten Steine verwenden. Dazu erdachte ich mir folgende Maschinerie: Der Speicher hatte an der Hauswand eine Tür, woraus ich einen Balken verankerte und daran ein Bälkchen mit einer Rolle, wodurch ich ein Seil laufen ließ. An dem Seil hatte ich eine Holzkiste befestigt, die ich dann hinaufzog. Das Seil hatte ich dann unten an einem Pflock festgebunden. Jetzt bin ich hinaufgegangen und habe die Steine in die Kiste geladen. Dann bin ich wieder hinuntergegangen und wollte die Steine in der Kiste an dem Seil langsam herunterlassen.

Ich band das Seil los, hatte aber dabei nicht daran gedacht, daß die Steine in der Kiste schwerer waren wie meine Person. Als ich bemerkte, daß die Steine so schwer waren, hielt ich das Seil ganz fest, damit die Steine nicht herunterstürzten und kaputtgingen, denn die brauchte ich ja für mein Hühnerhaus. So ist es dann geschehen, daß mich die Steine an dem Seil nach oben zogen, wobei mir die Kiste die linke Schulter aufgerissen hat, als wir uns in der Mitte begegneten. Ansonsten bin ich gut an der Kiste vorbeigekommen. Habe aber oben mir meinen Kopf angestoßen, und zwar erst an dem Bälkchen und dann an dem Balken.

Trotzdem hatte ich aber das Seil festgehalten, damit ich nicht hinunterfalle, in demselben Augenblick ist aber die Kiste mit den Steinen unten auf dem Boden angelangt, durch den heftigen Aufprall ist der Boden herausgebrochen, und so konnte es geschehn, daß die Kiste wieder leichter wurde wie ich. Die Folge davon war, daß ich als der schwerere Teil wieder nach unten sauste und die Umrandung der Kiste nach oben, wobei wir uns wieder in der Mitte begegneten. Dabei schrammte mir der Kistenrest die rechte Schulter. Als die Kiste oben war fiel ich unten so unglücklich auf den Boden, daß ich mir das rechte Bein gebrochen habe und sofort in Ohnmacht fiel.

Nur dadurch konnte es geschehen, daß ich das Seil losließ, was wiederum bewirkte, daß die Kiste allerdings ohne Boden, wie eine Birne von oben auf mich herabfiel und mich so unglücklich traf, daß ich demnächst oben und unten ein Gebiß angepaßt bekomme.

Daß der Schaden nicht noch größer geworden ist, verdanke ich Ihrem Versicherungsagenten, bei dem ich eine Unfallversicherung unterschreiben mußte und zu der ich nach Wiederherstellung meiner Gesundheit und meiner Zähne die Rechnung einreichen werde. Wenn Sie diese dann beglichen haben, werde ich Sie in unserem Dorf weiterempfehlen.

Auf der Couch des Psychotherapeuten ist der Mensch in einer anderen Bewußtseinslage als auf dem Operationstisch des Chirurgen.

☆

Vermutlich habe ich beim plötzlichen Aufdrehen des Wasserhahns einen Überdruck bekommen, daß dadurch ein Riß entstanden ist.

☆

Die beiden Personen stießen mit den Köpfen zusammen. Außer Blechschäden war nichts weiter festzustelen.

☆

Ich habe seinerzeit meinen Wagen nicht umgemeldet, da ich meinen Wohnsitz verlegte und diesen nicht verschrotten wollte.

☆

Ich fuhr vorne auf, während es gleichzeitig hinten bumste …

Plötzlich sah sie mich, verlor den Kopf und wir stießen zusammen ...

☆

Nach der Kollision habe ich mich wegen der Dunkelheit mit dem gefallenen Mädchen beschäftigt ...

☆

Anfang dieses Jahres habe ich bei der Beihilfestelle in Landshut Rechnungen eingereicht für Aufwendungen für meine Kinder Mechthild und Martin, die in den Monaten Januar bis März 1984 entstanden sind ...

☆

Ihr Versicherungsnehmer beendete das Telefongespräch auf eine nicht abzeptable Art und Weise, in dem er äußerte »... dann leck mich doch am Arsch!« und den Hörer auflegte ...

… und schoß mir mit der Gaspistole ins Gesicht. Dann brachte man mich zum Heiligen Geist.

☆

Mein Sohn Hans befand sich bei beginnender Dämmerung mit seinen Freunden auf einem Spielplatz. Plötzlich entdeckte er einen runden, dunklen Gegenstand. In der irrigen Annahme, es sei ein kleiner Gummiball, den ein Kind vergessen hatte, nahm er einen Anlauf und wollte den Ball mit kräftigem Schlag seinen Freunden zuspielen. Der Irrtum stellte sich unverzüglich heraus: es handelte sich um eine Eisenkugel zum Kugelstoßen.

☆

Mit Ihrem Stillhalteabkommen bin ich einverstanden.

☆

Nach herrschender Rechtsbrechung muß dieser Fall aber doch anders gesehen werden.

Seit meinem letzten Ferienaufenthalt in Rom leide ich an nerozirkulatorischen Beschwerden.

☆

Ich habe davon Kenntnis genommen, daß bei Nichtzahlung der Prämie Leistungspflicht Ihrer Gesellschaft droht.

☆

Der Fußgänger tauchte plötzlich auf, beschädigte meinen Kotflügel und — hopp — war er in der Menge wieder untergetaucht.

☆

Möchte ich Ihnen mitteilen, daß die Kuh am 11. 3. geschlachtet worden ist. Ich bitte, sie aus der Versicherung zu streichen.

☆

Beim Ausgießen eines Wasserkübels schlug dieser zurück.

Mir wurde vom Arzt eine strenge Diät ohne jedes Salz verschrieben. Glauben Sie, daß es mir schaden könnte, wenn ich am Ufer des Meeres sehr tief atme?

Meine Frau ist im Krankenhaus (Diagnose: Geldsucht)

☆

... mit dieser Erhöhung erreiche ich nichts anderes als einen Ehebruch.

☆

... teile ich Ihnen mit, daß ich mich in die AOK legen möchte.

☆

Der PKW-Fahrer mußte ausweichen, dabei streifte er an einer Steigung drei Jugendliche, die ihre Rinder schoben.

☆

Ich hörte, daß die Funkstreife mit Blaulicht fuhr.

☆

Ich kann die Instandsetzungskosten nicht bezahlen, weil meine Frau vor drei Jahren gestorben ist und ich von meiner Schwiegermutter unterhalten werde.

Ich stürzte im Schwimmbad eine Treppe hinunter. Als alter Turner habe ich mich jedoch eingerollt, so daß ich durch meine Geistesgegenwart schwerere Schäden verhütet habe.

☆

Der andere Wagen fuhr auf meinen zu, hat mir aber vorher seine Absicht nicht im geringsten angezeigt. Daraufhin machte ich dem anderen Idioten meine Meinung klar.

☆

Ich ging auf dem Bürgersteig … und fand mich plötzlich auf der Erde liegend wieder.

☆

Unser Sohn bekam an diesem Tag Besuch von seiner Freundin Susanne. Fräulein Susanne legte ihren Bikini auf dem Bett unseres Sohnes ab. In einem unbeobachteten Moment hat sich unser Dackel an den Bikini herangemacht und ihn zerbissen …

Ick bin zur Zeit nich in'ner Krankenkasse und möchte mir so schnell wie möchlich vasichern ...

☆

Ich stellte den Unfallgegner zur Rede. Statt zu antworten holte er zu einem Kinnhacken aus, der aber nicht mich, sondern den Kotflügel traf ...

☆

Ich wollte eiligst ins Haus Nr. 100 und glitschte auf dem Verbindungsgang aus.

☆

Als ich Ihren Versicherungsnehmer zur Rede stellen wollte, wurde er aggressiv und bedrohte mich mit seinem Hausschlüssel.

☆

Das Fenster drückte ich ein in der Überzeugung, daß es schon alt war.

Zu dem Zusammenstoß mußte es kommen, da ich mit dem Wagen fuhr und der Fahrer nicht anhalten konnte.

☆

Ich wollte auf der linken Fahrbahn einen PKW überholen, da er vor mir schon in Schlangen hineinfuhr. Als ich mich auf gleicher Höhe befand, schaute er hinüber, lachte, und kam anschließend immer weiter nach links. Als ich mich schon äußerst links befand, und er weiter nach links kam, mich gegen die Leitplanken drückte, verlor ich die Besinnung, ebenfalls meine Schwiegermutter.

☆

Ich bitte, mein Geschäft nicht mit ähnlichen Schwindelunternehmen zu verwechseln.

☆

Der Versicherte geht wieder seiner gewöhnlichen beruflichen Tätigkeit nach. Er erledigt seine Kunden mit einer Begleitperson.

… kann ich leider in diesen Umständen, in denen ich mich zur Zeit befinde, die volle Prämie nicht aufbringen.

☆

Wenn mir meine eigene Sicherheit nicht so sehr am Herzen liegen würde, so würde ich Ihre Beitragserhöhung ja ablehnen.

☆

Bitte unternehmen Sie endlich etwas, unser Kind wird in Kürze zur Welt kommen!

☆

Der Wagen rollte die Böschung hinunter, überquerte im Flug die Straße und landete in dem Bach …

☆

Als Witwe ist es mir nicht möglich, den Lebensversicherungsbeitrag meines verstorbenen Mannes aufzubringen.

Ihr Vertreter hatte mir Ihre Versicherung so schmackhaft gemacht, so daß mir hinterher der Appetit vergangen war, als ich merkte, daß ich mich damit voll übernommen habe.

☆

Da mein Sohn zur Bundeswehr geht, möchte ich anfragen, ob ich für den Vaterlandsdienst weiter bei Ihnen bezahlen muß.

☆

Da ich mich in letzter Zeit nicht mehr so recht fühle, habe ich dem Drängen Ihres Vertreters nachgegeben und habe mich bei Ihnen versichert.

☆

Ich bin verheiratet und das Opfer eines Verkehrsunfalls!

☆

Der Brandplatz wurde durch zwei Laternen und einem Polizisten erleuchtet.

Ich habe den Unfall nicht gemacht. Das Auto war von meiner Freundin. Ich habe längst wieder eine andere Marke …

☆

Die Kellnerin hob ein schweres Faß. Plötzlich vernahm sie einen Knall in der Brust.

☆

Ich kann den reparierten Wagen jetzt nicht einlösen, weil ich in meinem Obergeschoß kürzlich einen Brandschaden hatte.

☆

Der Unfall passierte, weil ich von einem Auto unbekannter Nationalität geblendet wurde.

☆

Fassen Sie es nicht als Scherz auf, wenn ich Ihnen sage, daß ich durch meine derzeitige Inhaftierung nicht in der Lage bin, die Prämie weiter zu zahlen!

☆

… bitte ich Sie, meinen Wunsch, mir einen Kredit zu gewähren, zu willfahren.

Karl Nimmrichter

Tel. 06047 - 1524

Die Baronin H. befindet sich noch auf der Hochzeitsreise. Ihre Auflassung kann keinesfalls vor Ende der kommenden Woche stattfinden.

☆

Der Gläubiger ist der Ehemann der Schwester des Bruders des Ehemannes der Schuldnerin.

☆

Nachdem ich obigen Versicherten besuchte, jedoch nur seine Ehefrau antraf, wiederholte ich immer wieder meine Besuche, leider blieben alle meine Bemühungen erfolglos.

☆

Für mich ist diese Versicherung insofern gleich eine Unfallversicherung, als ich bei plötzlicher Schwangerschaft auch meinen Beruf nicht mehr ausüben kann.

☆

Meine Frau schrie. Trotzdem krachte es schon.

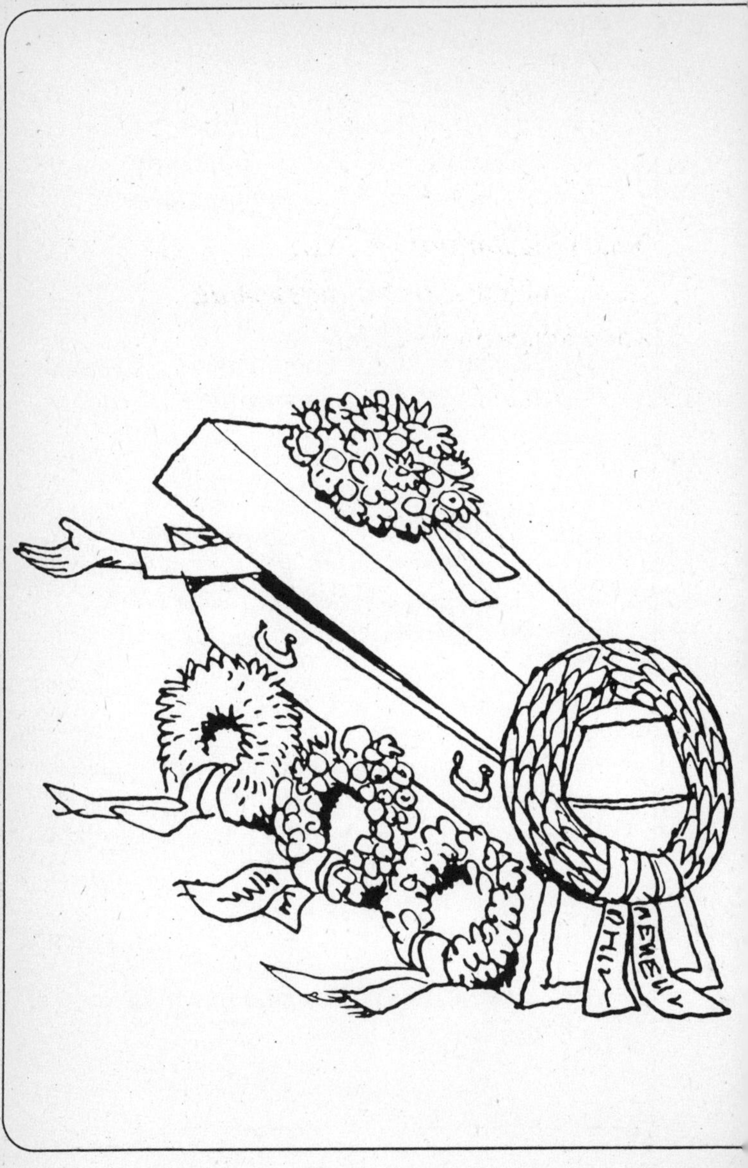

Sagen Sie mir darum bitte,
ob da noch was dabei rausschaut,
wenn ich gestorben bin.

Unmittelbar darauf wurde ich von hinten stockvoll angefahren.

☆

Anbei sende ich Ihnen eine Zahnrechnung. Die Zähne wurden eingeschlagen durch eine Kuh. Ich bitte um Begleichung derselben.

☆

Hiermit zeige ich Ihnen an, daß mein Mann am Mittwoch, dem 23. 5., wieder nach Hause kam.

☆

Ich war auf dem Münchner Oktoberfest und verzehrte gerade ein Hendl. Da flog mir ein Bierkrug an den Kopf. Den Absender konnte ich nicht ermitteln.

☆

Die herbeigerufene Polizei ließ von dem beschädigten Wagen sofort eine Blutprobe entnehmen.

Meine Unschuld ist mir von dem aufnehmenden Polizisten bescheinigt worden.

☆

Der Beschädigte hat sich die Verletzung selbst zugefügt, als er nach meinem Schlag die Treppe herunterfiel.

☆

Als das Fahrzeug nach dem Sturz von der Brücke untergegangen war, zeugten aufsteigende Blasen davon, daß die Reifen schadhaft waren.

☆

Ihre Versicherungsnehmerin hat zwar viele Verhältnisse aber kein Arbeitsverhältnis.

☆

Der Wagen schleuderte nicht infolge des Biers, das ich getrunken hatte, sondern wegen des Glatteises, das danach kam.

Der Autounfall wurde vorsätzlich herbeigeführt. Den Unfallvorgang möchte ich nicht näher schildern, sondern verweise ich auf die sicher auch Ihnen bekannte Praxis.

☆

Der Rückgang der Wirtschaft ist darauf zurückzuführen, weil mir vor zwei Jahren ein Pferd kaputtgegangen ist, dieses ist auf das Verschulden meiner Frau zurückzuführen, die vor sieben Jahren gestorben ist.

☆

Nach ambulanter Behandlung konnte der junge Mann seinen Finger wieder nach Hause nehmen.

☆

Bitte stunden Sie mir doch die Prämie für die Lebensversicherung meines Mannes. Ich kann sie in diesem Jahr nicht aufbringen, weil mein Mann im vorigen Jahr gestorben ist.

In der Nacht vom 6. auf 7. Dezember ist an meinem Wohngebäude ein verhältnismäßig geringer Brandschaden entstanden, den ich dem schnellen Eingriff unserer Feuerwehr zu verdanken habe.

☆

Beim Kaffeemahlen sprang der Deckel von der Maschine ab. Dabei geriet meine Frau in das Mahlwerk …

☆

Warum soll ich als Frau mehr Beitrag zahlen? Schließlich haben wir doch die Gleichberechtigung und mein Geschlecht bietet kein Hindernis.

☆

Als der erste Schnitt am Hodensack beim Tierarzt ausgeführt wurde beim Hengst, da bäumte sich das Pferd mit aller Kraft auf und mein Schwiegervater flog herunter und machte eine Rolle rückwärts.

Das Kind muß gestrichen werden. Es handelt sich da um ein Versehen Ihres Vertreters.

☆

Das Pferd war klatschnaß, als wenn es 3000 m vollen Galopp gegangen wäre.

☆

Ich möchte ab sofort mein Auto wegen Krankheit bei Ihnen abmelden.

☆

Ich muß in allen Zuschriften von Ihnen immer wieder feststellen, daß wir alle stets mit »Unter-Nummern« betitelt werden. Immerhin zahlen wir doch auch eine recht ansehnliche Prämie.

☆

Ich fahre schon seit 40 Jahren, und dann schlief ich am Steuer ein, und so kam es zum Unfall.

Wenn ich so Ihre niedrige Beitragsrückerstattung betrachte, so frage ich mich doch, ob es weiterhin Zweck hat, Sie vor meinem Hausarzt zu verschonen.

☆

Frau S. wurde von meinem Hund gebissen. Sie hat mir die betreffende Stelle unter ihrem Rock gezeigt.

☆

Ich habe meinen PKW verkauft und bitte Sie daher, schleunigst meinen Namen von diesem Auto zu entfernen.

☆

Meine Schwiegermutter lebt noch immer bei mir, aber gegen Hagel bin ich versichert.

☆

Wenn Sie glauben, einen Doofen vor sich zu haben, dann sind Sie an den Richtigen gekommen.

Am 24. 8. war ich mit meiner Braut im Nachbarort im Kino. Auf der Rückfahrt mit meinem Motorrad wurde ich durch ein entgegenkommendes Fahrzeug geblendet und wußte daher nicht, was ich für ein Fahrzeug vor mir hatte. Im ersten Augenblick glaubte ich, ein Schaufenster vor mir zu haben. Ich bremste meine Maschine ab und kam hierbei ins Schleudern. Als ich sah, daß ich ein Lastauto vor mir hatte, bremste ich noch stärker, und hierdurch kam ich mit meiner Braut zu Fall. Meine Braut geriet direkt unter das Fahrzeug. Ich wurde am Kopf und Rücken gestreift.
Als ich aufstehen wollte, brach ich wieder zusammen. Einige Zeit später kroch ich zurück auf die Fahrbahn, um nach meiner Braut zu sehen. Ich stellte fest, daß meine Braut unter dem linken Vorderrad lag. Ich wollte sie herausziehen, konnte es aber nicht, da das Vorderrad noch auf dem linken Arm stand. Daraufhin sagte ich zu dem Fahrer, er möchte doch ein Stück zurückstoßen, damit ich meine Braut befreien könne. Jetzt sagte der Fahrer: »Was ist denn eigentlich los?« Ich sagte dann, daß er mit dem Vorderrad auf dem Mädchen stehen würde. Der Fahrer fuhr

dann ein Stück zurück. Hiernach zog ich meine Braut heraus und brachte sie auf den Bürgersteig. Nachdem ich die Verletzungen festgestellt hatte, brachte ich sie zum nächsten Arzt.

☆

Von meinem Schwager schicke ich Ihnen eine Vervielfältigung zu.

☆

G. Zimmermann kam mit dem Krad die Straße entlang, scheute und ging durch.

☆

Mein Mandant ist Vater mehrerer Kleinkinder und eines Hundes.

☆

Das Seitbord wurde beschädigt als mein Mann mit Weinflaschen nach mir warf.

... hab ich es als Privatversicherter nicht nötig, den ganzen Urlaub an einem gewissen Ort zu verbringen.

Den letzten Alkohol habe ich etwa gegen 13 Uhr eingenommen. Nach dem Unfall um 13.40 Uhr habe ich keinen Alkohol mehr getrunken, da ich ja außer Bewußtsein war.

☆

Die Schadensverursachung muß wohl in anderen Umständen begründet sein.

☆

Sie stellte sich nicht nur innerhalb des Geschäftskreises jedermann bereitwillig zur Verfügung, sondern half auch anderweitig aus.

☆

Der Rettungswagen wurde von dem am Straßenrand liegenden Motorrad herbeigerufen.

☆

Ich gebe Ihnen die Police im Auftrage meines verstorbenen Vaters zurück.

Ohne Wissen meiner Frau — die sehr versicherungsfeindlich ist — habe ich aus Vorsorge und bestem Willen diesen Vertrag für sie abgeschlossen. Nun hat meine Frau doch von dieser »Heimlichkeit« erfahren. Seitdem habe ich die Hölle zu Hause. Es wird von mangelndem Vertrauen und sogar von Scheidung gesprochen. Durch die Emanzipationsbewegung der Frauen in unserer Zeit sieht sie sich — trotz meines gut gemeinten Handelns — übergangen und in ihrer Selbständigkeit eingeengt und rechtswidrig behandelt.

☆

Die steigenden Krankheitskosten kann ich nicht mehr verkraften. Ich bitte nun um Ihren Vertreter, der mich beraten soll, wie ich zu einem festen Satz komme.

☆

Für das Krankenhaus möchte ich noch eine Zusatzversicherung abschließen. Bitte senden Sie mir Ihren Vertreter zu.

Die Waldarbeiter wurden von Wildschweinen angefallen, die gerade mit Forstarbeiten beschäftigt waren.

☆

Gestern, so um 4 Uhr nachmittags am Würstelstand, rutschte ich auf einer Pommes Frites mit Mayonnaise aus. Als ich abends nach Hause kam, rutschte ich auf der frisch gebohnerten Treppe aus. Jetzt bin ich bettlägerig …

☆

Durch das Unwetter wurde der kleine Turm auf meinem Landhaus seiner Dachhaut entkleidet. Dies war der erste Dachschaden, den ich hatte …

☆

… da ich im Rahmen meiner Unfallversicherung ein Krankenhaustagegeld abgeschlossen habe, frage ich an, ob diese Versicherung auch für eine Entbindung zutrifft.

Ich bin unglücklich auf dem Klosettdeckel gesessen. Dadurch zerbrach er.

☆

Hiermit teile ich Ihnen mit, daß ich ins Katharinen-Krankenhaus muß. Ich werde dort 3. Klasse lieben.

☆

Wir bogen einen Kotflügel zurecht und verlebten einen schönen Urlaub in Kärnten.

☆

Einen weiteren Schaden erlitt ich an einem Bild mit verglaster Scheibe (50 × 60) als bei einem Durchzuch das Bild von der Wand fiel …

☆

Als der Weihnachtsbaum brannte, wurde meine Frau hysterisch und schrie nur noch …

Als ich den Rasenmäher des Nachbarn zerstörte, war ich total betrunken und bin für diese Tat nicht haftbar zu machen.

☆

Möchte Sie davon in Kenntnis setzen, daß mein Mann in erheblich angetrunkenem Zustand die Speichertreppe hinuntergesegelt ist.

☆

Eine Kuh und der Stier machten Seitensprünge, dabei wurde der Knecht getreten.

☆

Geschockt sprang Ihre Versicherte aus dem Auto und schrie immerfort: »Ich bin unschuldig, ich bin unschuldig!«

☆

Die Massage hat meinem Handgelenk wieder auf die Beine geholfen.

Hiermit kündige ich mit sofortiger Wirkung die Tagegeldversicherung meines verstorbenen Mannes, weil mir eine Weiterführung der Versicherung nicht mehr sinnvoll erscheint.

☆

... der Trambahnfahrer bestätigte, daß mein Mann bei der Hauptpost aus der Straßenbahn gefallen ist.

☆

Einer meiner Azubis ist durch einen Fehltritt auf einer Glasfläche, die wir abdecken mußten, ein Bollen aus der Hand gerutscht und in das Glashaus eingeschlagen.

☆

Die mini-berockte Dame auf dem Bürgersteig trägt die Schuld am Unfall ... Wenn Sie ein Mann sind, erübrigen sich weitere Ausführungen. Sind Sie eine Dame, dann kann ich es Ihnen sowieso nicht erklären.

Der Unfallverursacher, Ihr Versicherter, hatte 1,92 Promille Blut im Alkohol.

☆

Bezeugen kann den Unfall Herr Werner P., der mir beim Ausrutschen behilflich war.

☆

Durch den Auffahrunfall wurde das Hinterteil des Vordermannes verknittert.

☆

Bei der Streifenkontrolle wurde ich von den Polizisten, die einen Schäferhund dabei hatten, in die linke Wade gebissen.

☆

Nicht Herr O. hat mit dem Fahrzeug geschlenkert, um einen Bekannten zu grüßen, er hat vielmehr angenommen, daß das entgegenkommende Fahrzeug von einem Bekannten gefahren wurde, weil es schlenkernd auf ihn zukam.

Mit Blaulicht schoß der Polizeiwagen langsam an den Unfallort heran.

☆

Mit Ihrem vorgeschlagenen Risikozuschlag bin ich keineswegs einverstanden. Da ich eine sitzende Tätigkeit ausübe und Ihr Risiko bei mir lediglich in den Beinen liegt, sehe ich dieses als nicht notwendig an.

☆

Als ich den Finger sah, lief es mir kalt den Rücken herunter; aber es lief doch alles verhältnismäßig gut ab.

☆

Die Betreffenden hörten, wie er vorsichtig auf den Dachboden lief. Dort führte er auch das Entstehen des Feuers durch.

☆

Ich hoffe, Sie haben Mitleid mit einem armen Mann, der 7 Kinder ernähren muß, zudem seine Frau und seine Schwiegermutter.

Ab 1. d. M. möchte ich meinen Sohn Josef stilllegen, da er zur Bundeswehr kommt.

☆

Ich möchte Ihnen einen Schaden vorsorglich melden, aber bezahlen brauchen Sie nichts, denn ich bin unerkannt entkommen.

☆

Bei Ihrer Gesellschaft lasse ich mich nicht versichern. Ihre Broschüre zeigt mir, daß viele Ihrer Kunden nach Abschluß einer Lebensversicherung eines frühen Todes sterben.

☆

Ich riß mein Lenkrad nach links, mein Wagen überschlug sich, und ich überholte den PKW.

☆

Mein kleiner Sohn Karl hat die Nachbarin, die Niedermayerin, hinten beschädigt.

Er wurde noch nie beim Diebstahl erwischt. Man weiß es nur.

☆

Denjenigen, den ich als Unfallzeugen angegeben habe, nehme ich hiermit zurück.

☆

Den Eingang Ihres Schreibens konnte ich trotz Nachforschung nicht feststellen. Deshalb kann ich auch erst heute dazu Stellung nehmen.

☆

Meine Tochter K. hat mit dem Hochheber des Herrn L. ein anderes Kind hochgehoben und nach Angaben des Besitzers dabei so beschäftigt, daß eine Reparatur die Kosten einer Neuanschaffung übersteigen …

☆

Der Unfallgegner ist verheiratet und seitdem in Zahlungsschwierigkeiten.

Nach dem Unfall
hatten wir alle Hände voll zu tun,
um die Zeugin, die natürlich
unschuldig war, festzuhalten.

Der auf der Straße rollende Opel-Caravan bekam von dem LKW einen Schlag und wurde so in die Toreinfahrt geschleudert, daß der Wagen einen Torpfosten umschlug und dann vorschriftsmäßig in Richtung Toreinfahrt zertrümmert stand.

☆

Statt Versicherungspaläste zu bauen, könnten Sie besser meine Auslagen zahlen, auch wenn Sie das nicht müssen, weil ich betrunken war …

☆

Mein Sohn prallte mit einer Mitschülerin mit beiden Köpfen zusammen.

☆

Er hat hinten den Sicherheitsgurt angehabt und daher ist ihm nichts passiert.

☆

Sie haben leider Pech, unser Pudel ist nicht bereit, vor der Polizei auszusagen.

Für meinen zwölftägigen Aufenthalt in der »Klapsmühle« wird kein zusätzlicher Pfennig gezahlt. Und wenn mir hier eine Nachberechnung ins Haus kommt, so fordere ich Zurücknahme der Diagnose, Geld zurück an Versicherung und Entschädigung für die Falschdiagnose.

☆

Das Amtsgericht hat mich zur Ableistung der eidesstaatlichen Versicherung geladen. Sie kennen sich in Versicherungsfragen besser aus als ich. Können Sie das für mich erledigen?

☆

Vor mir fuhr ein riesiger Möbelwagen mit Anhänger. Der Sog war so stark, daß ich über die Kreuzung gezogen wurde.

☆

Das Gas kaum berührt — da bumste es schon.

Da ich verheiratet bin, bitte ich, das Geld nicht zu überweisen, sondern eiligst einen Barscheck zu senden.

☆

Am Unfallort machte die Polizei eine Alkoholprobe, die sich sofort verfärbte …

☆

Beim Traum in der Nacht vom 24. zum 25. Mai habe ich mit dem linken Fuß gegen die Bettkante getreten und die kleine Zehe verletzt …

☆

Die Ausfüllung der Erklärung war mir einfach nicht möglich. Meine Frau mußte ins Krankenhaus und ich weiß nicht mehr, wo ich hinlangen soll.

☆

Es handelt sich um eine 82jährige Frau, die im Altenheim ist. Die Frau hat hinten und vorne nichts.

Die Bißwunde hat eine Narbe hinterlassen, die sich bemerkbar macht und vor allem beim Lachen eine Falte bildet.

☆

Ich war in meiner Kneipe. Karl hatte seinen Köter Treff dabei. Das ist ein verflixt großer Hund. Wir hatten eine Menge Alkohol getrunken. Der Hund guckte mich ganz blöd an, und ich dachte bei mir, er will mich beißen. Das wollte ich aber nicht. Da habe ich ihm ins Ohr gebissen.

☆

Ich kann den reparierten Wagen jetzt nicht einlösen, weil ich in meinem Obergeschoß kürzlich einen Brandschaden hatte.

☆

Das Anwesen des Maurers Julius M. brannte total nieder. Bei diesem Brandfalle hatte sich die neue Wasserleitung vortrefflich bewährt.

Nach Ansicht des Sachverständigen dürfte sich der Verlust zwischen 250.000 DM und einer Viertelmillion bewegen.

☆

Der Schaden entstand durch Drücken mit den Händen auf eine gläserne Tischplatte in einem Hotelzimmer, das mit drei Kindern belegt war.

☆

Frau R. ist am 14. 8. verstorben und möchte sie bitten, die Brandversicherungsanstalt stillzulegen.

☆

Der Einbrecher brach mein Kellerabteil auf und verging sich an den Weinflaschen …

☆

Ich hätte zudem gerne ein Versicherungsangebot für ein uneheliches Kind (11 Jahre).

Die Polizei nannte mir als Zeugin eine dunkle Blondine.

☆

Ich schwebte nach meinem Unfall in größter Lebensgefahr, denn ich befand mich in der Behandlung des praktischen Arztes Dr. Walter P. der dieses auch bestätigen kann.

☆

Bitte übersenden Sie mir Ihre Tarifunterlagen mit Leistungsdynamit.

☆

... bitte ich um Angabe der neuen Anschrift, da der Obengenannte lt. Rückbrief verstorben sein soll.

☆

Nach Auskunft von Dr. P. war die Operation bösartig.

Möchte Sie davon in Kenntnis setzen, daß meine Tochter Sylvia am 23. 10. beim Sturz von der Kellertreppe den rechten Unterarm angetroffen hat.

☆

Die Selbstbeteiligung für mein neues Gebiß finde ich zu hoch, aber ich muß wohl zähneknirschend zahlen.

☆

Mein Sohn ist im Baggersee fast ertrunken. Bekommen wir das was von der Unfallversicherung?

☆

Der Brand wurde von der Freiwilligen Feuerwehr gelöscht. Daher dürfte der Schaden sehr groß sein.

☆

Die Lücken bei meiner Frau sind mir nicht ganz klar.

Ich kann die Instandsetzungskosten nicht bezahlen, weil meine Frau vor drei Jahren gestorben ist und ich von meiner Schwiegermutter unterhalten werde.

☆

Nach einer aufregenden Nacht mit meinem Mann mußte ich den Arzt einschalten, der die in der Arbeitsunfähigkeitsbescheinigung festgestellte Diagnose stellte.

☆

Mir ist es zu umständlich, Ihr Schadenformular auszufüllen. Entweder Sie zahlen oder es passiert was!

☆

Frau P. hat zwei Kleinkinder, 5 und 10 Monate.

☆

Nur zu Ihrer Information der Hinweis, daß der Unfallgegner schon im Gefängnis war und zudem verheiratet ist.

Sollte eine persönliche Rücksprache notwendig werden, werde ich mich gerne für Sie freimachen.

Mein Schrei, der meine Schwester zurückgerufen hat, fand mich vor der Zimmertür ganz benommen wor.

☆

Meine Frau trug auch schwere Abschürfungen am Bein davon, das ich aber nicht zum Protokoll geben will.

☆

Der Betroffene hat versucht, mit einer Lötlampe im Keller eine alte Couch zu zerlegen. Dies ist ihm laut beiliegendem Bericht auch gelungen. Leider verursachte er dabei einen kleinen Brand, wodurch ca. 30.000 DM Schaden entstand.

☆

Ich hatte während der Nacht einen bösen Traum (meine Erschießung während des Krieges) und fuhr so heftig aus dem Schlaf hoch, daß ich durch Anstoßen der linken Ferse an die rechte Zehe dieselbe offenbar gebrochen habe.

Ich, Alma W., bin sehr froh, daß ich für meinen Mann eine Lebensversicherung abgeschlossen habe. Wenn ihm etwas passiert, habe ich doch Geld, um etwas zu unternehmen.

☆

Ich habe den Ernst des Lebens und seine Vergänglichkeit (bin Polizeibeamter) erst erfaßt, als auf mich geschossen wurde. Darauf habe ich meine Lebensversicherung erhöht.

☆

Als ich die Kreuzung erreichte, sprang plötzlich eine Hecke hoch und behinderte meine Sicht.

☆

Ich war gerade im Keller, als die Waschmaschine plötzlich stark zu rauchen anfing.

Der Hund wurde von mir am Hinterteil noch erfaßt, so daß meine rechte vordere Seite (sowie der Scheinwerfer) beschädigt wurden.

☆

Ich, Carlo Scira, kann nur sagen: eine deutsche Frau heiraten, Kinder haben, dann hast du deine Sicherheit.

☆

Ich hoffe, mit Ihrer EDV geht das auch alles klar. Sollte ich trotzdem noch Mahnungen erhalten, werde ich bei der russischen Regierung beantragen, in Ihre EDV eine SS 20 zu steuern …

☆

Ihr Kunde wurde wiederholt angefahren und konnte nicht erreicht werden …

☆

Die Hitze drückte auf mein Gemüt wie die Sünde aufs Gewissen.

Mein Sohn ist bei den Panzern, da gibt es gelegentlich Unfälle und Kopfverletzungen.

☆

Die Ehe ist schon in der Zeit eingegangen, in der sie eigentlich noch nicht entstanden ist und nach der Geburt der Tochter hat sie aufgehört, ihren Zweck zu erfüllen.

☆

Als ich an der Stopstraße hielt, bekam ich von hinten einen kräftigen Stoß. Zu meiner Erleichterung fand ich an meinem Wagen nur eine leichte Delle. Ich notierte mir den Namen und die Nummer der alten Dame, worauf sie mir sagte: »Sie sind so ruhig und zuvorkommend. Die meisten Männer, die ich sonst anfahre, werden immer gleich ausfallend!«

☆

Auch unsere 2. Tochter ist wieder ein Mädchen. Bitte nehmen Sie sie in die Krankenversicherung auf.

Ein Mensch ohne Krankenschutz ist lebensgefährlich, und muß, durch einen freiwilligen Beitritt in einer Krankenkasse beseitigt werden.

☆

Ich habe die Versicherung gekündigt, weil mein Mann weggegangen ist und ich kein anderes Schwein züchten will.

☆

Die Krankenschwester brachte mich in ein kleines Hinterzimmer. Dort sah ich einen an die Wand gemalten breiten roten Pfeil, der am Fußboden in ein winziges Schild auslief. Als ich mich bückte, las ich auf dem Schild: »Sie sind jetzt in der richtigen Stellung, um Ihre Spritze zu bekommen!«

☆

Ich überfuhr einen Passanten. Er gab selbst zu, daß es seine Schuld war, vor mir auf der Straße erschienen zu sein.

Es stehen noch zwei Rechnungen aus, da der Krankenhausarzt mit den Nerven fertig ist.

☆

Plötzlich tat eine nicht mehr zu erreichende Frau in etwa 2—3 m Entfernung ihren Körper auf die Fahrbahn. Unser Herr W. bremste sofort und stand noch vor der Frau, ohne sie zu berühren.

☆